AF312751

LE GÉNÉRAL BÉZIAT.

3 JANVIER 1823 — 13 MARS 1902.

DISCOURS

PRONONCÉS

SUR LA TOMBE DU GÉNÉRAL BÉZIAT

LE 15 MARS 1902.

DISCOURS

PRONONCÉ

Par M. le général CARETTE,

PRÉSIDENT DU COMITÉ TECHNIQUE DU GÉNIE.

———

Au nom du Comité du Génie dont il fit partie pendant plusieurs années ;

Au nom du Corps du Génie tout entier qu'il a honoré par l'éclat de ses services,

Je viens, avec une profonde émotion, dire un dernier adieu au Général de division Béziat que la mort nous enlève cruellement !

Il y a peu de temps encore, en considérant son activité physique, la vigueur de son esprit toujours en éveil, l'intérêt qu'il ne cessait de porter aux questions militaires, on pouvait croire qu'il nous serait donné, pendant de longues années encore, d'entendre sa parole convaincue, de lire les conseils que sa plume infatigable, conduite

par une grande expérience et un ardent patriotisme, adressait non seulement à ses camarades,
mais à l'armée, aux pouvoirs publics, à la nation
tout entière.

Cet espoir a été déçu. Ce Chef respecté nous
est enlevé après tant d'autres qui, comme lui,
ont été nos maîtres. L'exemple de leur vie doit
être une leçon pour ceux qui ont encore à par-
courir une part quelconque de la carrière.

Héloi-Théophile-Urbain-Félix Béziat était
né à Saussenac, dans le Tarn, le 3 janvier 1823.

Entré à l'École Polytechnique en 1843, il en
sortait en 1845 comme Sous-Lieutenant Élève
dans l'arme du Génie et, après 2 années passées
à l'École d'application de Metz, était classé
comme Lieutenant au 2e régiment de l'arme à
Montpellier, puis à Arras.

Nommé Capitaine le 31 octobre 1850, il par-
tait pour l'Algérie et assistait aux derniers évé-
nements de la conquête. Il sut là gagner, par
ses mérites et sa distinction, la haute estime du
duc d'Aumale, qui l'honora jusqu'à sa mort de
la plus constante amitié.

De retour dans la métropole, à peine a-t-il
touché le sol français qu'il repart pour l'armée
d'Orient, où pendant 2 années, devant Sébasto-

pol, il prend part à toutes les actions de ce siège célèbre et reçoit une blessure en service de tranchée.

Cité à l'ordre du jour le 10 mars 1855, il est fait chevalier de la Légion d'honneur le 14 septembre suivant.

Rentré en France, il rejoint la portion centrale de son régiment, puis sert à l'État-Major particulier à Pierre-Châtel et à Dunkerque.

Éclate alors la guerre d'Italie; le Capitaine Béziat est désigné pour participer à cette nouvelle campagne. Il assiste aux batailles de Magenta et de Solférino et s'y fait remarquer de telle manière qu'il obtint par la suite la médaille de la valeur militaire de Sardaigne et fut nommé chevalier de l'ordre militaire de Savoie.

En 1859, à son retour d'Italie, il ne fait encore que toucher la France. Des difficultés éclatent en Extrême-Orient. Une expédition militaire est décidée contre la Chine. Le Capitaine Béziat en fait partie, du 1er décembre 1859 au 24 juillet 1861. Il participe à la prise des forts de Takou, et sa brillante conduite dans ce fait de guerre lui vaut d'être encore une fois cité à l'ordre du jour. Il est présent aux batailles de Chankiavan et de Palikao, à la suite desquelles il reçoit une lettre de félicitations du Général en chef et est promu Chef de bataillon.

Rentré en France, il est employé un moment au Dépôt des fortifications, mais il ne tarde pas à rentrer dans le service des troupes et va commander un bataillon au 3ᵉ régiment à Metz, puis à Montpellier.

En 1865, il est nommé Chef du Génie à Versailles, où il est promu Lieutenant-Colonel en 1869.

Il était Chef du Génie de l'importante place de Lyon lorsque éclata la guerre contre l'Allemagne. Classé à l'armée du Rhin comme Chef d'État-Major du Génie du 7ᵉ Corps, et fait prisonnier à la bataille de Sedan, il reste interné en Allemagne jusqu'au 23 mars 1871.

Rentré de captivité, il ne tarde pas à être appelé au Ministère de la Guerre comme Chef du personnel du Génie.

Promu Colonel le 18 janvier 1872, il passe comme Chef du bureau du matériel, où il reste jusqu'à sa nomination de Général de brigade le 2 novembre 1876. Adjoint au chef du service du Génie au Ministère de la Guerre, il est le collaborateur direct du Général de Rivière.

Membre du Comité des fortifications, de la

Commission mixte des travaux publics et Inspecteur général du Génie, il fut encore Gouverneur de La Fère.

Enfin, en 1883, sa nomination comme Commandant du Génie du Corps d'occupation de Tunisie lui permet de diriger avec distinction les importants travaux d'installation du Corps d'occupation de la Régence, puis, tout en conservant ces fonctions, il devient Commandant supérieur du Génie en Algérie.

Général de division en 1884, il prend le commandement de la 18e division d'infanterie à Angers et devient, en 1886, Inspecteur permanent des travaux du Génie pour l'armement des côtes en même temps que membre du Comité consultatif d'État-Major.

Sa carrière se termine enfin par la haute situation de Commandant de la place de Lyon et de Commandant supérieur de la défense. Successivement promu officier de la Légion d'honneur le 12 août 1886, commandeur le 20 août 1874, il est nommé grand officier le 8 septembre 1887.

Dans ces positions si diverses, le Général Béziat s'est montré en toute circonstance soldat intrépide, chef énergique, ingénieur consommé.

Mais l'œuvre capitale de sa vie est marquée

par sa coopération de tous les instants à l'immense labeur entrepris par le Général de Rivière en vue de la réorganisation du système défensif de la France.

C'était au lendemain de nos désastres ; la frontière était ouverte, la patrie démembrée, ruinée, désorganisée, restait en face d'un ennemi que sa victoire semblait n'avoir qu'à demi satisfait.

Tout notre organisme militaire était à refaire. Il fallait à tout prix en sauvegarder les ébauches et nous permettre de concentrer nos forces sous la protection de nouvelles lignes de défense.

C'est à cette œuvre que se consacrèrent, avec une ardeur qui ne devait pas faiblir, les Généraux de Rivière et Béziat.

Si, comme il en est de toutes choses, cette œuvre plus que considérable accomplie en si peu de temps a pu être l'objet de certains jugements portés à son encontre, on ne saurait contester qu'elle eut tout au moins pour premier et précieux résultat de procurer à notre pays, après la guerre néfaste de 1870, la période de calme nécessaire à sa réorganisation militaire.

Mais le remaniement de nos défenses n'était pas la seule œuvre à laquelle se dévouait le Général Béziat. Une autre également, la reconstitution du casernement des troupes dans la France entière, était l'objet de ses travaux ; aussi peut-on dire que, dans sa carrière, si la partie purement militaire a été brillante, la part de l'ingénieur et de l'organisateur a été considérable.

Comment louer maintenant les qualités de l'homme de cœur et de dévouement qu'était le Général, la sûreté de ses affections?

Sa bienveillance était acquise à tous; son abord franc et ouvert attirait à lui toutes les sympathies.

Les œuvres de bienfaisance, quelles qu'elles fussent, pouvaient faire, avec confiance, appel à lui, et la Société de secours des veuves et des orphelins du Génie, ainsi que celle des anciens élèves de l'École Polytechnique, ont reçu plus d'une fois des preuves de sa générosité, à laquelle s'associait toujours la digne compagne de sa vie, vers laquelle, en ces jours douloureux, se reporte tout notre respect et à laquelle nous adressons l'expression des regrets profonds que nous cause le malheur irréparable qui la frappe.

Adieu, mon Général ; reposez en paix. Votre

tâche a été bien remplie. Votre nom restera en bonne place inscrit au Livre d'or des fidèles serviteurs du pays, et nous conserverons pieusement votre souvenir.

DISCOURS

PRONONCÉ

Par M. BOURGUIGNON,

PRÉSIDENT DE L'ASSOCIATION AMICALE DES ANCIENS BARBISTES.

MESDAMES, MESSIEURS,

Au nom du Collège Sainte-Barbe, je viens rendre un dernier hommage à celui qui fut l'un de ses enfants les plus éminents et les plus dévoués; au nom de l'Association amicale des anciens Barbistes, je viens adresser un dernier adieu au vénéré doyen du Comité de cette Association, à celui qui fut le plus cher et le plus aimé de nos collègues.

Vous venez d'entendre ce qu'a été la vie du Général Béziat, tout entière de travail et d'honneur, et vous savez les services qu'il a rendus à son pays; c'est du Barbiste que j'ai le devoir de vous parler, car parmi les grandes causes qu'il a servies, il m'en voudrait d'oublier Sainte-Barbe, qui a tenu pendant toute sa vie une grande place dans son cœur.

Il me semble d'ailleurs que cette affection, qu'il a gardée fidèlement jusqu'au bout à la maison qui avait instruit sa jeunesse, est bien faite pour mettre en relief ces deux qualités qui furent comme la caractéristique de toute sa vie : une générosité intarissable et une inaltérable bonté.

Je ne veux pas remonter bien loin pour vous en fournir la preuve.

Je ne vous dirai pas tout ce que le Général Béziat a fait pour le Collége pendant les 22 ans qu'il a passés au Conseil d'administration ; je ne vous raconterai pas tout ce que lui doit l'Association amicale des anciens Barbistes depuis le jour où il s'y faisait inscrire en sortant du Collége. Je passerai toute cette longue période de prospérité de Sainte-Barbe, pour arriver tout de suite aux dures épreuves de l'année dernière, car c'est l'adversité qui est la pierre de touche du dévouement.

A la fin du mois de juillet dernier, la Société de Sainte-Barbe avait dû se dissoudre ; la fatalité, contre laquelle on avait lutté au prix de sacrifices que le Général Béziat était le premier à

NOTICES NÉCROLOGIQUES.

LE GÉNÉRAL BÉZIAT.

3 JANVIER 1823 — 13 MARS 1902.

reconnaître, finissait par être la plus forte, et le Collège avait été fermé. La situation paraissait désespérée ; tout semblait fini.

Le Général Béziat fut de ceux qui ne purent se résoudre à voir disparaître pour toujours le Collège qui les avait instruits et élevés ; il fut de ceux qui voulurent, contre tout espoir, essayer de sauver Sainte-Barbe. C'est grâce à ses encouragements et avec son appui matériel que les fondateurs de la nouvelle Société de Sainte-Barbe purent tenter l'œuvre de la reconstitution du Collège ; et l'autorité morale du Général Béziat était si grande que son exemple assura le succès.

Je dois reconnaître, il est vrai, qu'il nous fallut énergiquement lutter pour obtenir de lui l'autorisation de citer son exemple. De l'argent, il en voulait bien donner, mais il aurait voulu qu'on ne le sût pas, et pourtant il fallait bien le dire pour entraîner les hésitants ; et c'est alors qu'il écrivait en envoyant une nouvelle souscription :

« Il ne me paraît pas possible qu'en demandant encore un effort à chacun de nous, pour assurer le capital nécessaire, la grande famille des Barbistes ne s'empresse pas de faire ce dernier sacrifice, comme je crois devoir le faire moi-même, désirant prouver ainsi la fermeté de mes convictions. »

Et il ajoutait, cédant à nos sollicitations :

« Si vous pensez qu'il soit utile de faire part de mes impressions à nos camarades, je vous autorise à leur donner connaissance de ma lettre. »

Avec cette lettre du Général Béziat, les fondateurs de la nouvelle Société de Sainte-Barbe trouvèrent immédiatement le capital nécessaire, et Sainte-Barbe était sauvé !

Ce fut pour le Général Béziat une grande joie ! Et comme je lui exprimais toute notre reconnaissance pour le concours qu'il nous avait donné : « Vous me rendriez orgueilleux, m'écrivait-il, si je n'étais pas arrivé à un âge où l'on devient modeste, en songeant à tout ce que l'on a toujours ignoré et à tout ce que l'on a oublié. »

Il fut si heureux d'avoir vu le Collége non seulement rouvrir ses portes à la rentrée d'octobre, mais se remplir à nouveau d'élèves, qu'il voulut, malgré l'état de sa santé, assister à notre banquet du 4 décembre qui devait être la fête de la reconstitution de Sainte-Barbe. « Vous m'excuserez, m'écrivait-il quelques jours auparavant, de ne pas aller à la séance du Comité de notre Association : je prends le plus de soins possible de ma santé pour être en état d'assister à notre beau banquet du 4 décembre. »

Il y vint, Messieurs, parce qu'il voulait tout à la fois assister à cette grande manifestation barbiste et donner aux fondateurs de la nouvelle Société un témoignage de sympathie; mais il y reçut ce qu'il n'était pas venu chercher, une longue ovation de la part de tous les Barbistes, qui saluèrent de leurs applaudissements unanimes le nom respecté de celui que nous pleurons aujourd'hui.

Voilà, Messieurs, ce que le Général Béziat a fait pour le Collège. Quant à l'Association amicale, personne ne sentait plus vivement que lui combien l'idée qui l'avait fait naître était grande et belle : c'était l'assurance pour tous les Barbistes qu'aux jours malheureux ils ne seraient pas abandonnés. Le Général Béziat fut l'un de nos bienfaiteurs les plus constants; il garda jusqu'à la fin les mêmes enthousiasmes, la même passion du bien, la même générosité, et la mort seule a été capable de glacer son cœur et de fermer sa main.

Au nom du Collège Sainte-Barbe, dont le Directeur et une délégation d'élèves sont venus ici en témoignage des services rendus par le

B.

Général Béziat ; au nom de l'Association amicale ;
au nom de tous les Barbistes, nous adressons à
sa veuve l'hommage de notre respect et de notre
douloureuse sympathie, en lui promettant que
nous garderons pieusement le souvenir du grand
Barbiste que nous avons perdu.

DISCOURS

PRONONCÉ

Par M. BOUQUET DE LA GRYE,

PRÉSIDENT DE LA SOCIÉTÉ AMICALE DE SECOURS DES ANCIENS ÉLÈVES
DE L'ÉCOLE POLYTECHNIQUE.

MESSIEURS,

La mort vient de frapper une de nos plus pures illustrations militaires dont l'âge n'avait atténué ni l'ardeur ni les grandes facultés et qui, récemment encore, venait de lutter de toutes ses forces contre une mesure repoussée par son patriotisme.

A l'amour de l'armée, à laquelle sa vie avait été consacrée, à la croyance à la nécessité de ne pas toucher à cette école de dévouement et d'abnégation, le Général Béziat joignait une véritable passion pour la charité, son âme d'élite se plaisant à des œuvres consacrées au relèvement des humbles et au soulagement d'infortunes imméritées.

C'est pour l'avoir vu pendant de longues années au Comité de l'Association amicale de l'École Polytechnique que je dois de prendre aujourd'hui la parole et de pouvoir dire que nous avions tous pour lui une profonde estime et une respectueuse affection.

Dans cette collaboration de dévouement qui animait les membres du Comité, il se faisait remarquer par sa droiture, par son bon sens, ne voyant jamais le mal et tâchant de réparer les fautes lorsqu'elles ne pouvaient être excusées.

C'est donc pour nous tous une grande douleur de voir disparaître notre cher Vice-Président, conseiller toujours écouté, et son souvenir restera toujours lié à une œuvre dont il a été l'un des premiers adhérents et dont il suivait avec un grand intérêt le développement.

Puissent nos regrets, le souvenir d'une vie admirablement remplie et d'une mort chrétiennement acceptée adoucir ceux d'une compagne entourée, comme la Générale, d'estime et de respectueuse sympathie.

DISCOURS

PRONONCÉ

Par M. ASSÉZAT DE BOUTEYRE,

VICE-PRÉSIDENT DU COMITÉ DE L'ASSOCIATION CHARITABLE
DES FEMMES DU MONDE.

———

MESSIEURS,

Des voies amies, plus autorisées que la mienne, viennent de rendre à l'éminent et glorieux soldat, dans des paroles émues, un éloge auquel je me garderai bien d'ajouter un mot, dans la crainte de l'affaiblir.

Mais si ses camarades de l'École Polytechnique, si ses vaillants compagnons d'armes peuvent revendiquer le noble Général, il appartient aussi à la Société charitable des Femmes du Monde, dont il était le dévoué Président depuis 14 ans.

C'est comme Vice-Président de l'œuvre, et au nom des Dames du Conseil et de mes collègues du Comité, que je viens devant cette tombe ouverte lui adresser un dernier adieu et vous exprimer notre douleur et nos regrets.

La Société charitable des Femmes du Monde est un peu votre fille, Messieurs de l'armée : l'un de ses premiers Présidents fut le Général de Blanchard Letellier, qui précède de quelques jours, dans la tombe, son successeur immédiat, le Général Béziat. Cette Société a pour but de venir au secours des veuves et des filles des fonctionnaires et des officiers des armées de terre et de mer, atteintes par des infortunes d'autant plus cruelles qu'elles ont connu de meilleurs jours.

Notre regretté Président s'était dévoué à cette œuvre avec toute l'énergie de son caractère et toute la générosité de son âme.

Sous sa direction, quoiqu'elle ait secouru bien des misères, elle est devenue et il la laisse prospère : elle ne périra pas et nous tiendrons autant que possible à suivre ses exemples et à continuer ce qu'il a fait.

Nous le ferons avec moins de succès, n'ayant pas la légitime influence dont il jouissait et qui rendait fécondes toutes ses démarches en faveur de nos malheureuses sociétaires.

Vous dirai-je les nombreux et généreux dons qu'il prodiguait de sa main, qui augmentaient dans de larges proportions les chiffres que les ressources restreintes de notre modeste budget ne permettaient pas de dépasser?

Quand, émus et attendris, nous lui reprochions ses prodigalités, il nous répondait en riant : *Laissez-moi faire, je n'ai pas d'enfants!*

Vous parlerai-je, Messieurs, de sa courtoisie, de sa largeur d'intelligence qui nous le rendaient aussi cher que respecté? Ceux qui l'ont connu et aimé comprendront que cet éloge est inutile.

Jusqu'à son dernier jour il s'est occupé de notre Société et a présidé nos réunions.

Nous étions habitués à le voir si actif, si jeune d'esprit et d'allure, que nous espérions tous que son indisposition serait passagère, et qu'après une cruelle épreuve notre cher Président nous serait rendu et que nous le garderions longtemps encore.

Dieu ne l'a pas permis; inclinons-nous devant ses décrets; peut-être, par une fin rapide, en récompense de sa vie toute de dévouement, en présence d'une maladie sans espoir de guérison, a-t-il voulu lui épargner de longues et cruelles souffrances.

Et maintenant, au nom de la Société charitable des Femmes du Monde, qui gardera pieusement son souvenir;

Au nom de cette foule émue, l'accompagnant à sa dernière demeure, adieu, cher Président!

Que sa digne et excellente compagne, que tous ceux qui lui survivent se consolent un peu, en songeant comme il a vécu et comme il est mort, aux regrets qu'il laisse et avec quelle sérénité et quel courage il a quitté ce monde, plein de résignation et de confiance, en soldat et en chrétien!

DISCOURS

PRONONCÉ

Par M. le Général CHARON.

MESSIEURS,

Le Général Béziat, qui vient de s'éteindre à
80 ans, laisse à tous ceux qui l'ont connu le souvenir d'une noble existence et un grand exemple
à méditer et à suivre.

Une voix autorisée vient de nous dire les détails de sa longue et brillante carrière militaire,
où il est parvenu par son seul mérite et l'estime
de ses chefs au grade le plus élevé de la hié-
rarchie, revêtu des plus hautes distinctions
honorifiques.

J'ajouterai, Messieurs, moi qui suis son camarade et son ami depuis le Collège et depuis les
premières années de notre vie commune d'offi-

ciers, que, dans toutes les positions qu'il a occupées et les missions souvent délicates qui lui
ont été confiées, je l'ai toujours vu entouré de
l'affection sincère et souvent très vive de tous
les officiers qui ont eu l'honneur et le bonheur
de servir sous ses ordres.

C'est que le Général Béziat était une nature
d'élite, d'une haute intelligence, d'un esprit très
élevé, d'une droiture et d'une courtoisie parfaites, et que jamais des considérations personnelles n'ont influé sur sa conduite envers ses
inférieurs ni fait fléchir son esprit de justice non
plus que sa bonté et sa bienveillance naturelles,
sans rien ôter d'ailleurs à la fermeté et à l'énergie
très grande de son caractère.

Cette nature exceptionnelle s'imposait d'elle-
même, et c'est elle qui l'a fait aimer et respecter
de tous. Aussi le Général Béziat a-t-il laissé dans
l'armée la réputation incontestée d'un officier et
d'un chef modèle, et il en a recueilli des témoignages non équivoques par l'estime particulière
dont il était entouré. Ce sont ces éminentes qualités qui lui ont valu la satisfaction d'une belle
carrière, les dons de la fortune et surtout l'inappréciable bonheur d'unir sa vie à celle d'une
compagne, aujourd'hui inconsolable, dont les

vertus, le charme et l'affection lui ont fait une vie enviable.

Mais Béziat était un grand cœur et un homme de bien, et il a eu le rare mérite, et qui l'élève bien haut, de rapporter à Dieu les biens dont il était comblé et de les faire servir au soulagement de son prochain.

La bienfaisance du Général Béziat est devenue légendaire dans le monde, et cependant personne n'en sait et n'en saura jamais toute l'étendue, tant elle s'exerçait discrètement.

Il n'a jamais ménagé ni son temps ni sa peine pour venir en aide aux déshérités de ce monde. Jamais il n'hésita devant une démarche, une enquête à la recherche d'une bonne action. En un mot, jamais homme ne fut plus infatigable pour le bien. Et dans ces dernières années, les tendres remontrances, la sollicitude inquiète qui l'entouraient n'ont pu parvenir à l'arrêter, alors que sa santé était devenue si chancelante.

Depuis que l'âge lui avait donné les loisirs de la retraite, le Général Béziat eût pu s'en tenir à ses vertus privées, dont la grandeur aurait suffi à couronner noblement son existence. Mais son ardent patriotisme était toujours resté en éveil et, avec sa nature ardente et dévouée, il coutinuait à souffrir des malheurs de la patrie, et il suivait avec un intérêt souvent, hélas! bien attristé les progrès de cette armée qu'il aimait tant et dont il voyait parfois les intérêts sacrifiés.

C'est ainsi qu'il y a deux ans, à un âge bien avancé, il n'hésita pas à se lancer, avec un courage surhumain, dans une campagne dont chacun de nous se souvient avec admiration, contre un projet de loi de classement, ou plutôt de déclassement, d'un certain nombre d'importantes forteresses dont la disparition eût ouvert à l'ennemi, en plusieurs points, nos frontières si péniblement constituées après nos désastres.

Il ne fut rebuté ni par le travail considérable et les recherches nombreuses, ni par les démarches incessantes, ni surtout par la lutte difficile qu'il eut à soutenir contre les Commissions parlementaires et plusieurs des chefs les plus élevés de l'armée.

Il produisit avec un grand talent plusieurs Mémoires savamment documentés, et il eut la satisfaction de triompher des oppositions et de couronner ainsi sa carrière militaire par un service immense rendu à notre chère patrie.

Ainsi, jusqu'à la fin, le Général Béziat, dans sa vie publique comme dans sa vie privée, fut un modèle de vertu. Il quitte ce monde après y avoir rempli, et au delà, la tâche que Dieu y impose à chacun de nous pour la réalisation de ses immuables desseins.

Nous devons donc croire que les demeures célestes où nous aspirons tous ont été grandes ouvertes pour lui. Que cette espérance, si pleinement justifiée, soit la consolation de sa compagne, à laquelle les nombreux amis de son mari resteront fidèlement attachés.

EXTRAIT

DE LA

« VOIX NATIONALE »

(Numéro du 15 mars 1902)

Depuis quelque temps, la sonnerie du rallie-
ment ne cesse de se faire entendre, là-haut, pour
appeler, à la droite de Celui qui sait récom-
penser chacun selon ses œuvres, nos vieux et
illustres généraux, ceux qui ont acquis grades et
renommée sur les champs de bataille, dans les
combats et tranchées, au cours d'expéditions où
leurs services ont toujours été à hauteur de leur
dévouement à la Patrie.

Après les Du Barail, les Picard, les Deligny,
les Jeanningros, c'est le Général de division
Béziat, grand officier de la Légion d'honneur,
qui vient de disparaître à la suite d'une cruelle
maladie.

B.   3

Ancien officier d'Algérie, de Crimée, de Chine, d'Italie, de l'armée du Rhin, collaborateur infatigable et dévoué du général Séré de Rivière dans la réfection des fortifications de la France, il fut un de ceux qui s'opposèrent ensuite le plus énergiquement au déclassement projeté des forts de la deuxième ligne de défense dans l'Est, et il réussit à faire accepter ses idées, notamment pour Langres et Lille.

Les derniers jours de sa vie ont été attristés par le spectacle de la désorganisation militaire auquel il assistait. Il a vu la délation mise à l'ordre du jour dans l'armée, les plus méritants frappés, les autres récompensés ; la passion de tout ce qui est bien, juste, honnête, conforme aux devoirs professionnels, étouffée par les émanations malsaines de la politique.

Sa fierté en a souffert. Courbé par la maladie, ses dernières pensées ont été à la France, à l'armée, aux siens. Il n'a pas eu un mot d'amertume pour le cynisme de certaines défections, qu'il considérait comme la cause indéniable du malaise dont souffre notre état militaire depuis plusieurs années.

La place limitée réservée à une Notice nécrologique n'a pas permis de donner, comme on l'aurait voulu, un aperçu plus complet des états de service de ce soldat impeccable. Il faudrait un livre pour dire quelle a été l'œuvre du philanthrope qui, avec une fécondité de cœur et une haute intelligence, s'est entièrement dévoué aux œuvres de charité. Nul plus que lui n'a éprouvé la satisfaction de faire le bien. Au milieu de ses obligations mondaines, de ses loisirs studieux, il n'a jamais laissé détourner son attention des misères à soulager, d'œuvres de bienfaisance auxquelles son nom restera attaché. Il était l'âme des Sociétés où l'appoint de la droiture et de la solidité de son caractère ne le cédait qu'à sa générosité inépuisable. On ne sait pas ce que l'on doit le plus admirer ou de sa charité ou de la délicatesse qu'il mettait à la faire.

Au sein de Dieu où il repose, il reçoit la juste récompense d'une vie toute d'honneur, patrimoine précieux laissé à sa compagne, qui partageait avec lui la douce et consolante satisfaction de faire le bien.

On peut appliquer au Général Béziat, au soldat, au chrétien, le *vir probus* des anciens dans toute l'acception du mot. On ne saurait trop honorer ses vertus.

Les obsèques du Général Béziat ont eu lieu

hier, à 10ʰ, à Saint-Sulpice. Les honneurs militaires lui ont été rendus, selon l'usage. Le Président de la République s'était fait représenter.

Capitaine CHOPPIN.

EXTRAIT

DE

« L'ÉCHO DE PARIS »

(Numéro du 14 mars 1903).

Avec le Général de division Béziat nous perdons un enfant du Tarn, qui fut toujours fier d'appartenir à cette patrie militaire de la grande patrie française.

Le Général Béziat s'est montré officier du Génie apte à occuper toutes les situations ; on a pu dire de lui qu'il était aussi bon ingénieur militaire que tacticien consommé.

Sorti de l'École Polytechnique en 1845, il assista aux dernières phases de la conquête de l'Algérie. Le duc d'Aumale le tenait en haute estime, et son amitié s'affirma pendant un demi-siècle. En mourant, le grand soldat laissa à son compagnon d'armes la jouissance de l'un des pavillons du parc de Chantilly.

Fait chevalier en Crimée, le Général Béziat gagna son quatrième galon en Chine. La campagne contre l'Allemagne le trouva Lieutenant-Colonel. Il la suivit à l'armée du Rhin, acteur et témoin de l'éparpillement de nos forces : la valeur des soldats d'Afrique ne put compenser la faiblesse des effectifs engagés. Le Général Bonnal s'est attaché à dépeindre ces grandes journées et à en tirer les enseignements qu'elles comportent pour les jeunes officiers de l'École de Guerre. Sur plusieurs détails de la campagne, le Général Béziat n'a pas laissé des erreurs fausser la vérité historique. Ses rectifications sont des pages.

Comme tant d'officiers du Génie, le Général Béziat s'employa, après la guerre, à nous refaire une frontière; il fut le bras droit et l'adjoint du Général de Rivière dans la réfection des fortifications de Paris, du Nord, de l'Est et du Sud-Est.

Après avoir commandé la 18e division d'infanterie à Tours, il termina sa carrière active comme gouverneur désigné et commandant supérieur de la défense de Lyon, le 23 novembre 1887, peu après avoir été fait Grand Officier de la Légion d'honneur.

Une fois à la retraite, l'homme de bien, le

Le monde militaire et les amis du Général Béziat qui remplissaient hier matin l'église Saint-Sulpice ont fait à cet homme de bien des obsèques telles qu'il eût pu les désirer par l'unanimité des regrets qu'il laisse après lui.

Nul apparat de commande n'accompagnait cette cérémonie très simple, mais très auguste, qui couronne une carrière entièrement remplie par le souci du devoir, l'aménité, l'amour du bien, car nulle existence n'eut une unité plus heureuse, sous quelque aspect qu'on la considère, que celle du soldat qui vient de disparaître.

Sa vie militaire est connue. Né en 1824, élève de l'École Polytechnique en 1845, il aborda la

carrière des armes dans le Génie, à l'époque glo-
rieuse où s'achevait la conquête de l'Algérie.

Le duc d'Aumale le connut et sut l'apprécier
de telle sorte qu'il lui garda son amitié toute sa
vie.

Cité à l'ordre du jour en Crimée, le capitaine
Béziat y méritait la croix. En Chine, il gagna
son grade de Commandant à la pointe de l'épée.
La guerre de 1870 le trouva lieutenant-colonel.
C'est en cette qualité qu'il appartint à l'armée
du Rhin et dut subir son triste sort.

La guerre finie, nommé à la direction du Génie
au Ministère, il devint le bras droit du Général
Séré de Rivière lorsqu'il s'agit de mettre à la
hâte la nouvelle frontière à l'abri de toute insulte.

On se rappelle avec quelles patriotiques an-
goisses nous suivions tous les progrès de cette
reconstitution, alors qu'à peine ébauchée, en
1875, de nouvelles menaces de guerre se faisaient
entendre.

Avec une prodigieuse activité, le Général
Béziat fit face à toutes les difficultés de cette
heure tragique.

L'œuvre à laquelle il s'est associé peut être
aujourd'hui critiquée, comme toutes les œuvres
humaines. Elle n'était pas plus tôt terminée que

philanthrope, le musicien émérite ne le cédèrent en rien au militaire accompli. L'an dernier, le vénérable septuagénaire eut comme une poussée de vivacité juvénile. De concert avec M. de Montfort, il entreprit cette tournée de conférences et de démarches à laquelle l'*Echo de Paris* prêta son concours pour empêcher notre seconde ligne de défense d'être livrée à la pioche des démolisseurs.

Devant la persistante ténacité du Sénateur de la Seine-Inférieure et l'autorité du vieil officier du Génie, le Général André dut retirer son malencontreux projet de déclassement d'une partie des places fortes de seconde ligne.

Lille fut sauvée; Paris ne resta pas mis imprudemment à la merci d'une violation de la neutralité belge pour une irruption rapide par la vallée de l'Oise; Laon, La Fère, Reims, surtout Langres, ont été conservés comme pivots défensifs, derrière lesquels la France peut se ressaisir après des insuccès, reprendre l'offensive et chasser l'étranger.

Il n'y a pas dans Paris d'œuvre bienfaisante à laquelle la grande fortune du Général et de Mme Béziat n'ait été secourable. La mort ferme ces beaux salons de la rue du Regard. Ils resteront ouverts au souvenir reconnaissant de tous ceux qui y ont trouvé le réconfort contre les infortunes de l'existence.

Paul Renard.

l'artillerie faisait des progrès énormes et inat-
tendus qui ont pu remettre bien des choses en
question. Il n'en reste pas moins que les ouvriers
de la première heure ont produit alors un effort
colossal, qu'ils nous ont sauvés peut-être d'une
seconde invasion plus terrible que la première,
et que c'est à eux que nous devons la magnifique
ceinture protectrice qui couvre encore notre
frontière.

Après avoir fait œuvre d'ingénieur, le Général
Béziat commanda la 18ᵉ division d'infanterie, à
Tours, et termina sa carrière comme gouverneur
désigné et commandant de la défense de la place
de Lyon.

Quand il s'est retiré, plein de force et d'activité, il était Grand Officier de la Légion d'honneur. Dans la retraite, le vieux soldat n'oublia
ni son amour de l'armée, ni son fanatisme patrio-
tique. Chaque fois qu'une question s'agita qui
touchait aux intérêts qui lui étaient chers, il sut
retrouver sa vigueur d'autrefois pour les défendre.

Les lecteurs de ce journal se rappelleront avec
émotion les trésors de dialectique et d'éloquence
qu'il dépensa au service d'une science militaire
profonde, lorsqu'il s'agit récemment de défendre

les fortifications de Lille et les places fortes de
seconde ligne contre une menace un peu trop
hâtive de destruction.

Il eut la joie d'arrêter la pioche du démolis-
seur et d'obtenir, tout au moins, une étude plus
approfondie et plus circonspecte sur cette grave
question.

L'homme de bien ne le cédait point à l'ingénieur, au militaire. L'espace nous est trop limité
pour que nous puissions citer ici toutes les œuvres
philanthropiques ou patriotiques auxquelles il
venait en aide, non seulement par ses subsides,
mais, ce qui vaut mieux encore, par sa propa-
gande active et par son éloquence persuasive.

Qu'on nous permette d'associer aux mérites
de son œuvre la digne compagne de sa vie.

Tel est le résumé de discours prononcés au
cimetière du Père-Lachaise, sur la tombe du
Général Béziat, par le Général Carette, président
du Comité du Génie, par M. Bouquet de la Grye,
au nom des anciens élèves de l'École Polytechnique; par M. Bourguignon, au nom de l'École
de Sainte-Barbe, à laquelle il appartenait et qui
avait envoyé une députation; par le président de
l'Association philanthropique des Dames du

Monde; par son vieux camarade, enfin, le Général du Génie Charon.

Le Président de la République avait tenu à se faire représenter aux obsèques par le Lieutenant-Colonel Meaux-Saint-Marc; le Capitaine Meynier représentait le Ministre de la Guerre.

Il nous serait difficile de citer les noms de tous les Généraux qui assistaient à la cérémonie, parmi lesquels : les Généraux Jamont, Giovanni-nelli, Février, Zurlinden, Lanty, Baillod, Re-billot, Voisin, Peaucellier, de Boisdeffre, La-veuve, de Monard, de Vaulgrenant, de Roincé, de Saint-Germain, Mathieu, de Beaulieu.

Le Lieutenant-Colonel Masson et le Commandant François, neveu du Général Béziat, conduisaient le deuil.

PARIS. — IMPRIMERIE GAUTHIER-VILLARS,
31736 Quai des Grands-Augustins. 55.